Suite del ballet "Panambi"

Alberto Ginastera

partitura

BOOSEY & HAWKES

AN IMAGEM COMPANY

DISTRIBUTED BY
HAL•LEONARD®
7777 W. BLUEMOUND RD. P.O. BOX 13819 MILWAUKEE, WI 53213
www.boosey.com
www.halleonard.com

"PANAMBI"

Según narra la leyenda, Panambí era la hermosa hija del cacique de una tribu indígena que habitaba a' orillas del río Paraná. Panambí debía desposarse con Guirahú, el guerrero más valiente de la tribu, quien, poco antes de celebrarse la boda, es secuestrado por espíritus de doncellas que habitan en el río. El hechicero, que ama a Panambí y ha sido rechazado por la bella indígena, aprovecha esta circunstancia para tratar de vengarse de ella y con tal propósito informa a la tribu que los espíritus todopoderosos ordenan que Panambí se arroje al río en busca de su amado. Cuando la doncella se dispone a cumplir el mandato, aparece Tupá, el dios bueno, quien le ordena desistir de su propósito, castiga al hechicero convirtiéndolo en un extraño pájaro negro y restituye a Guirahú, que emerge de las aguas para arrojarse a los brazos de su amada.

"PANAMBI"

According to the legend, Panambí was the beautiful daughter of the chieftain of an Indian tribe established on the banks of the Parana River. She was betrothed to Guirahú, the most valiant warrior of the tribe, who, shortly before the wedding day is kidnapped by the maiden spirits of the river. The tribe sorcerer, who is also in love with Panambí but has been rejected by her, takes advantage of the situation to try and take revenge upon her, and consequently claims that the almighty spirits decree that Panambí should descend into the river in quest of her lover. The maiden is ready to carry out the supposedly divine orders when Tupá, the good god, appears from above and stops her, whereupon he punishes the sorcerer by turning him into a strange black bird and restores Guirahú, who rises from the waters of the river to throw himself into the arms of his loved one.

Istrumenti dell'orchestra

Flauto Piccolo	3 Timpani
3 Flauti	Batteria
3 Oboi	
Corno Inglese	Xilofono
3 Clarinetti in Si ♭	Celesta
Clarinetto Basso in Si ♭	2 Arpe
3 Fagotti	Pianoforte
Contrafagotto	
	Violini I
4 Corni in Fa	Violini II
4 Trombe in Do	Viole
3 Tromboni	Violoncelli
Tuba	Contrabassi (5 corde)

Dur.: 12 min.

B & C - 5015

Suite del ballet "Panambí"

ALBERTO GINASTERA

I
Claro de luna sobre el Paraná

(LOS RUMORES DE LA SELVA)

II

Invocación a los espíritus poderosos

III

Lamento de las doncellas

IV
Fiesta indígena

V

Ronda de las doncellas

VI
Danza de los guerreros

30